© SUSAETA EDICIONES, S.A.
C/ Campezo, 13 - 28022 Madrid
Tel.: 91 3009100 - Fax: 91 3009118
www.susaeta.com

Cualquier forma de reproducción, distribución, comunicación pública o transformación
de esta obra solo puede ser realizada con la autorización de sus titulares, salvo
excepción prevista por la ley. Diríjase a CEDRO (Centro Español de Derechos
Reprográficos) si necesita fotocopiar o escanear algún fragmento de esta obra
(www.conlicencia.com; 91 702 19 70 / 93 272 04 47).

BUSCA LOS ANIMALES DE TU CIUDAD

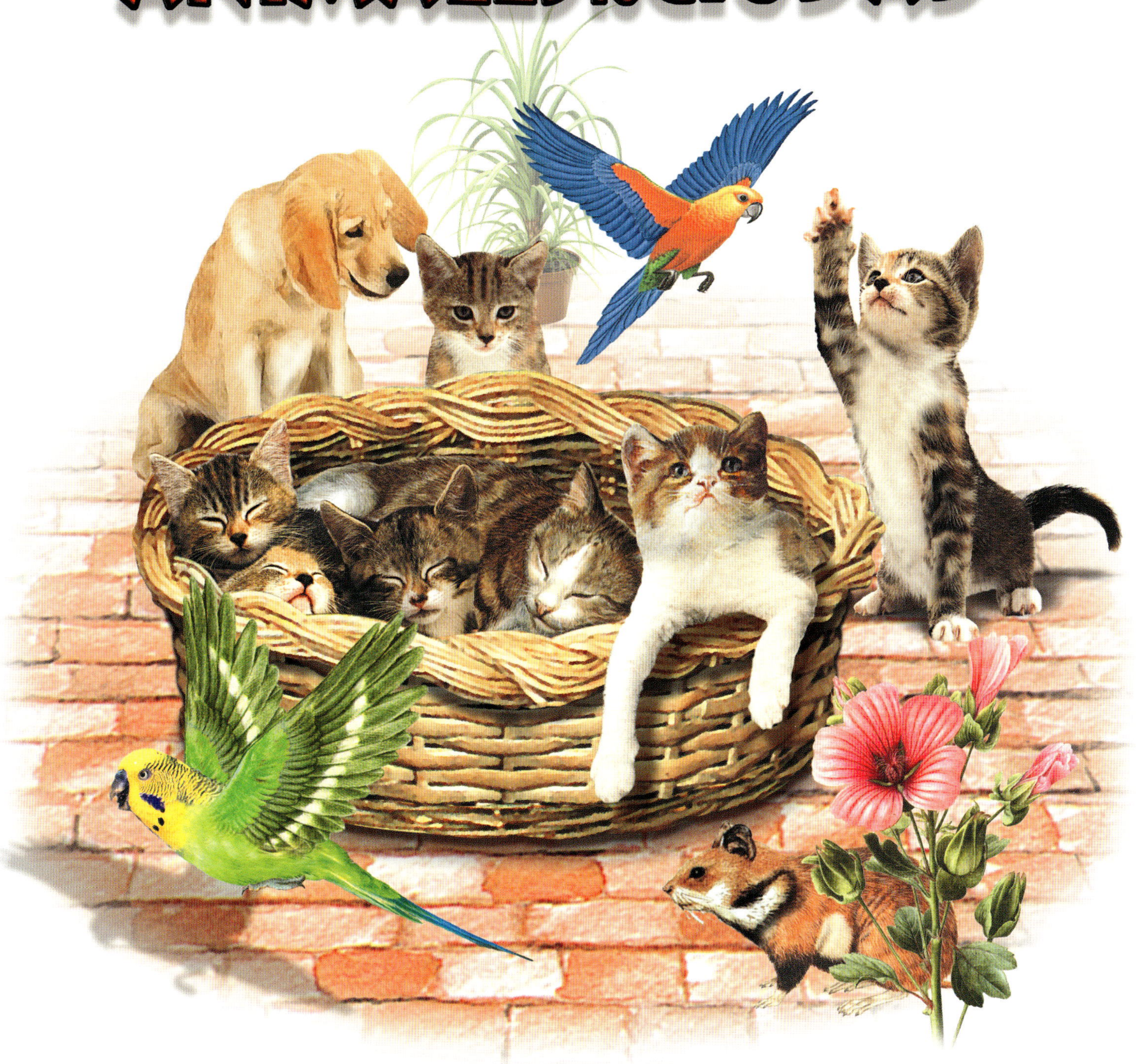

Diseño e Ilustraciones:
Francisco Arredondo

susaeta

Ambientes y textos:
Pere Rovira

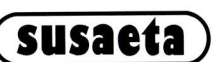

DENTRO DE CASA

Los animales no tienen por qué estar a disgusto si la casa es confortable. En ésta parece haber sitio para todos. Hay mucho que explorar, muchos los sitios de los que colgarse, y muchos los rincones para permanecer escondido. Otra cosa es que no haya algún estropicio de vez en cuando.

Encuentra también a los intrusos: ¡están bien escondidos!

Además del dálmata, en esta casa hay **otros perros,** de razas más pequeñas. **¿Eres capaz de ver 9?**

El periquito puede salir de su jaula y volar libre por las habitaciones. ¡Si alguna ventana estuviera abierta, no desaprovecharía la ocasión! **Encuentra 13.**

En una casa cómoda, **el gato** está a sus anchas. **En ésta hay 10. ¿Los ves?**

El pez disco es inquilino habitual de los acuarios. Pero hay que ser un experto para lograr que se reproduzca. **Busca 9.**

El pez cola de espada se llama así porque una de las espinas de su cola está tan alargada que parece una espada. **¿Ves 10?**

El dálmata es un perro originario de Dalmacia, la Croacia actual. Búscala en el atlas... **y 7 dálmatas en el dibujo**

EN EL PARQUE

Los parques urbanos son lo más parecido a un bosque que se puede encontrar en la ciudad. Es el lugar ideal para el paseo; algunos de ellos son lo bastante tupidos para que los animales pasen inadvertidos, y puedan vivir, casi, como si la ciudad no existiera.

En este parque no hay un intruso: ¡hay tres! No es que sean exóticos, pero no deberían estar en un parque...

Con tantos pájaros, ¡es lógico que haya **gatos** por ahí! **Encuentra 8.**

Los pájaros a menudo buscan árboles frondosos, con ramas abundantes donde posarse. **En este parque hay 6.** Y fíjate bien, que no son todos iguales.

Además del **dachshund**, en este parque **hay 7 perros más**, de otras razas. **¡Búscalos!**

En algunas ciudades hay muchos **loros tropicales**, escapados de sus jaulas, que a menudo buscan en el parque un lugar para vivir. **¡En este parque, hay nada menos que 10!**

Las ardillas encuentran su alimento en los árboles.
¿Puedes ver 10?

Este perro tan largo es un **«dachshund»**. Aunque quizás te suene más lo de **«perro salchicha»**.
¿Ves 6?

UN RINCÓN URBANO

En muchas ciudades se pueden encontrar rincones con sabor a calles viejas: losas gastadas, viejas escaleras, enrejados, sótanos, un jardín rústico... Tras la ventana con flores, la dueña quizá vigila su patio. A veces parece que hemos vuelto un siglo atrás.

¿Ves al intruso? Es un animal al que nunca verás en una ciudad de por aquí...

A pesar del peligro que corren, **los ratones** tienen que salir de vez en cuando de sus madrigueras. **Encuentra 6.**

La alianza tiene ya miles de años: ¡donde hay seres humanos, **hay perros!** En este callejón hay 5. ¿Los ves?

El canario es ave de jaula. ¡Pero en este callejón algunos andan sueltos! **¿Ves 5?**

Aunque haya gatos, **las golondrinas** lo tienen fácil para tener sus crías en este lugar: ¡hay tantos rincones donde hacer el nido...! **Busca 10: 6 adultos y 4 crías.**

Las palomas son las aves más abundantes en las ciudades. ¿**Puedes ver 7**? Y ojo, que las hay de varios colores...

Donde hay escondrijos, habrá **gatos** al acecho. **Busca 15.**

LA PECERA

A la afición por tener peces y otros animales en una pecera se le llama «acuariofilia». Es un verdadero arte. Los acuariófilos de todo el mundo son capaces de crear pequeños paisajes bajo el agua, donde animales de muchas clases comparten espacio y alimento.

El danio es muy voraz: ¡come lo que sea, siempre que sea más pequeño que él! **Encuentra 6.**

¡Y en este acuario, además, hay un intruso!

El pez arco iris recibe este nombre por lo variado de sus colores. **¿Ves 6?**

El macho **del caballito de mar** incuba los huevos dentro de su cuerpo. **Busca 4.**

El pez disco tiene la forma ideal para escurrirse entre corales y plantas acuáticas. **Busca 7.**

En general, **las tortugas de agua** son fáciles de criar. **Busca 4.**

Esta **estrella de mar** tiene seis brazos, aunque la mayoría tiene cinco. **Encuentra 5.**

Las aletas largas y puntiagudas son típicas de **los peces ángel.** ¿Puedes ver 5?

CASITA RÚSTICA

Todas las ciudades fueron pueblos en su día; y en muchas quedan aún casas de cuando había huertos y campos alrededor, y es fácil imaginar cómo debía de ser cuando los huevos se recogían en el gallinero, o el ganado pasaba por delante de la casa. En los países avanzados, estos rincones están bien cuidados: ¡los orígenes de la ciudad están ahí!

Por muy rústico que sea este lugar, hay un animal que no debería estar ahí.

Las gallinas buscan semillas y grano por el suelo. **Busca 9.**

Las mariquitas son muy útiles porque se comen los pulgones. **Encuentra 5.**

Los gallos tratan de controlar a las gallinas, pero con tanto embrollo... **Encuentra 4.**

Las mariposas se alimentan del néctar de las flores. **¿Puedes ver 8, todas distintas?**

14

La picadura de **una avispa** es dolorosa. ¡Mejor no molestarlas, pues! **Busca 4.**

En un lugar tan tranquilo, **los gatos** se encuentran muy a gusto. **¿Ves 8?**

EN EL RÍO

Todas las grandes ciudades se construyeron a la orilla de un río. Y por eso, por todas las ciudades pasa uno. En algunas, el cauce ha sido dominado y convertido en un jardín para paseantes. Para muchos animales, es un pequeño paraíso.

...Aunque en este dibujo, hay dos animales que no deberían estar ahí. ¿Los ves?

Los patos no desprecian las migas de pan que les echan los paseantes. **Busca 12. ¡Y cuidado, que no son todos iguales!**

Las libélulas viven cerca de los ríos. Son cazadoras: se alimentan de otros insectos. **Encuentra 5.**

Las palomas están por todas partes. **¿Ves 5?**

Los cisnes parecen delicados, ¡pero pueden golpear fuerte con sus alas! **¿Puedes ver 5?**

Los mirlos se han acostumbrado al hombre, y se les puede encontrar en muchos parques. **Aquí hay 3.**

Donde el agua abunda, **las ranas** viven a gusto. **Aquí hay 5, bien distintas.**

EN LA TERRAZA

Si hay espacio suficiente, la terraza se puede convertir en un lugar de paso para los animales que medran en la ciudad. Es verano: los perros toman el sol, los pájaros pasean a su antojo, y los arbustos en flor atraen a docenas de insectos, de todas las formas y colores que puedas imaginar.

Los hámsters han salido de su jaula. Por suerte, no hay gatos cerca. **Busca 6 hámsters.**

¡Busca al intruso! Aunque no lo verás fácilmente...

A menudo, **los loros** escapan de la jaula y se van a vivir al parque público más cercano. **Busca 8 loros.**

El canario no suele salir de su jaula. Aunque siempre habrá alguno que se atreva. **¿Puedes ver 7?**

A las horas de más calor, **los perros** se tumban y contemplan el ajetreo. **Busca 4 perros. ¡De distintas razas!**

Esta terraza parece un jardín. **Los estorninos** han venido a explorar. ¿Ves 4?

La tórtola parece una paloma, pero es más pequeña y de colores más vivos. **Encuentra 7.**

EN EL ESTANQUE

En el parque hay un rincón que encanta a muchos. Es el estanque artificial, donde se pueden ver ocas, patos y cisnes, acostumbrados a la presencia de las personas. No tienen que preocuparse por la comida: siempre hay paseantes que se la echan. Aunque hay más de una pelea para ver quién se queda con la mejor parte, claro.

Hay por ahí algo parecido a un gato enorme, que no debería estar. ¿Qué es?

Las ardillas buscan los frutos y semillas de los árboles del parque. **Encuentra 6.**

La paloma es el ave reina de la urbe. También abunda cerca del estanque. **Busca 9.**

El cisne luce su bello porte por la superficie del agua. **¿Puedes ver 5?**

Las ocas de esta ciudad toleran bien la presencia de extraños. No es muy normal... **¿Ves 8?**

Dar comida a **los patos** es un pasatiempo común por aquí.
Hay 9 patos: ¡búscalos!

Desde donde estás, fíjate bien: ¿puedes ver **los peces,** dentro del agua? **¡Hay 6!**

EN LOS TEJADOS

Qué distinta se ve la ciudad desde el tejado, ¿verdad? Hay otras reglas: reinan los animales capaces de dar grandes saltos, o de volar. Las aves urbanas tienen sus nidos por aquí arriba, y como los perros no suelen llegar, los gatos son los que mandan. Lástima que las antenas de televisión afeen el paisaje.

Dos intrusos están tan, tan fuera de lugar, que los verás en seguida. ¿O no?

Lunares brillando, color intenso, redondeada: **¡La mariquita es inconfundible! Prueba a ver 3.**

Las golondrinas han vuelto a esta ciudad para criar, como cada primavera. **¿Puedes ver 8?**

Esta ciudad tiene puerto, y en él **gaviotas.** Hasta aquí han llegado. ¡Son un peligro para las palomas! **Busca 9 gaviotas.**

Las mariposas están más a gusto en los bosques, pero alguna llega hasta aquí, medio despistada... **¿Ves 6?**

CALLE PEATONAL

En muchas ciudades hay calles cerradas al tráfico. Son sólo para paseantes, para los que quieren andar y charlar, ver gente y desconectar del ajetreo. La urbe, al fondo, parece lejana. ¡Pero no olvides que estamos aún en ella!

Como lo está también un intruso que no sabe muy bien qué hace aquí. ¿Lo ves?

Hay perros paseando, de todas clases. Algunos son de razas pequeñas. **¿Puedes ver 5?**

Las golondrinas andan atareadas, en busca de comida para sus crías. **Prueba a ver 6.**

¡Loros! Deben de haberse escapado de alguna jaula, y en estos árboles se encuentran a gusto. **Busca 5.**

El dálmata está en buen lugar si tiene espacio para correr. Lástima que la calle sea estrecha... **Busca 4 dálmatas.**

24

El husky es un perro muy fuerte, criado para tirar de los trineos en Siberia. **Busca 6.**

¿En qué calle no hay **palomas**? Aquí tampoco faltan. **Encuentra 11.**

POR LA NOCHE

Por la noche la gente duerme, pero la ciudad sigue viva. Los gatos remueven los cubos de basura en busca de comida, los ratones salen de sus escondrijos, aparecen insectos nocturnos venidos de quién sabe dónde. Todo parece cambiado. Vale la pena echarle un vistazo.

Un bicho pequeño están totalmente fuera de lugar. Descúbrelo.

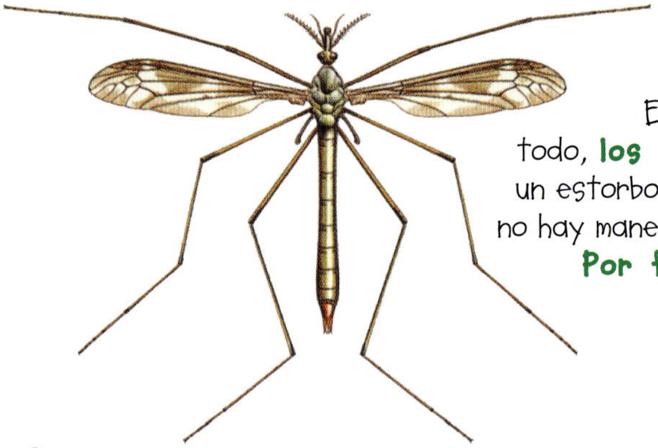

Muchos **perros** no tienen amo, ni casa en la que cobijarse por la noche. **En esta calle hay 4.**

En verano sobre todo, **los mosquitos** son un estorbo absoluto. Pero no hay manera de echarlos. **Por fortuna, aquí sólo hay 5...**

Uno se pregunta siempre de dónde salen tantos **gatos**. ¡De noche, parece que haya cientos! **Pero en este dibujo, sólo 8.**

Los ratones buscan comida. Y procuran no ser la comida de los gatos, claro. **Busca 7 ratones.**

También en las ciudades hay **murciélagos**. Su aspecto asusta un poco, pero son inofensivos. **Encuentra 7.**

Las polillas y mariposas nocturnas se sienten atraídas por la luz de las farolas. **¿Puedes ver 11?**

LAS AFUERAS

Donde la ciudad termina, el campo empieza. Pero en medio hay una zona que parece ser ambas cosas a la vez. Algunos huertos, ese tren que llega, los rascacielos al fondo, delatan la presencia humana. Pero puedes ver también animales que nos dicen que el bosque ya no está lejos.

Aun así, ¡los dos intrusos de estas páginas siguen estando muy, muy fuera de lugar!

En la ciudad no encontrarás **conejos.** Pero en el campo sí. Y en estas afueras, algunos hay... **¿Ves 5?**

Para pasear por la ciudad, **los caballos** lo tienen difícil. Pero aquí es otra cosa. **Busca 5.**

La urraca es un pájaro muy común, que no huye de la presencia humana. **Encuentra 6.**

Para **los perros** no es muy fácil encontrar comida por estas afueras. **¿Puedes ver 5?**

Volando desde el puerto, **las gaviotas** han llegado hasta estos campos. **¿Eres capaz de encontrar 8?**

También verás **gatos** husmeando. **¡Prueba a ver 6!** Quizá anden cazando conejos.